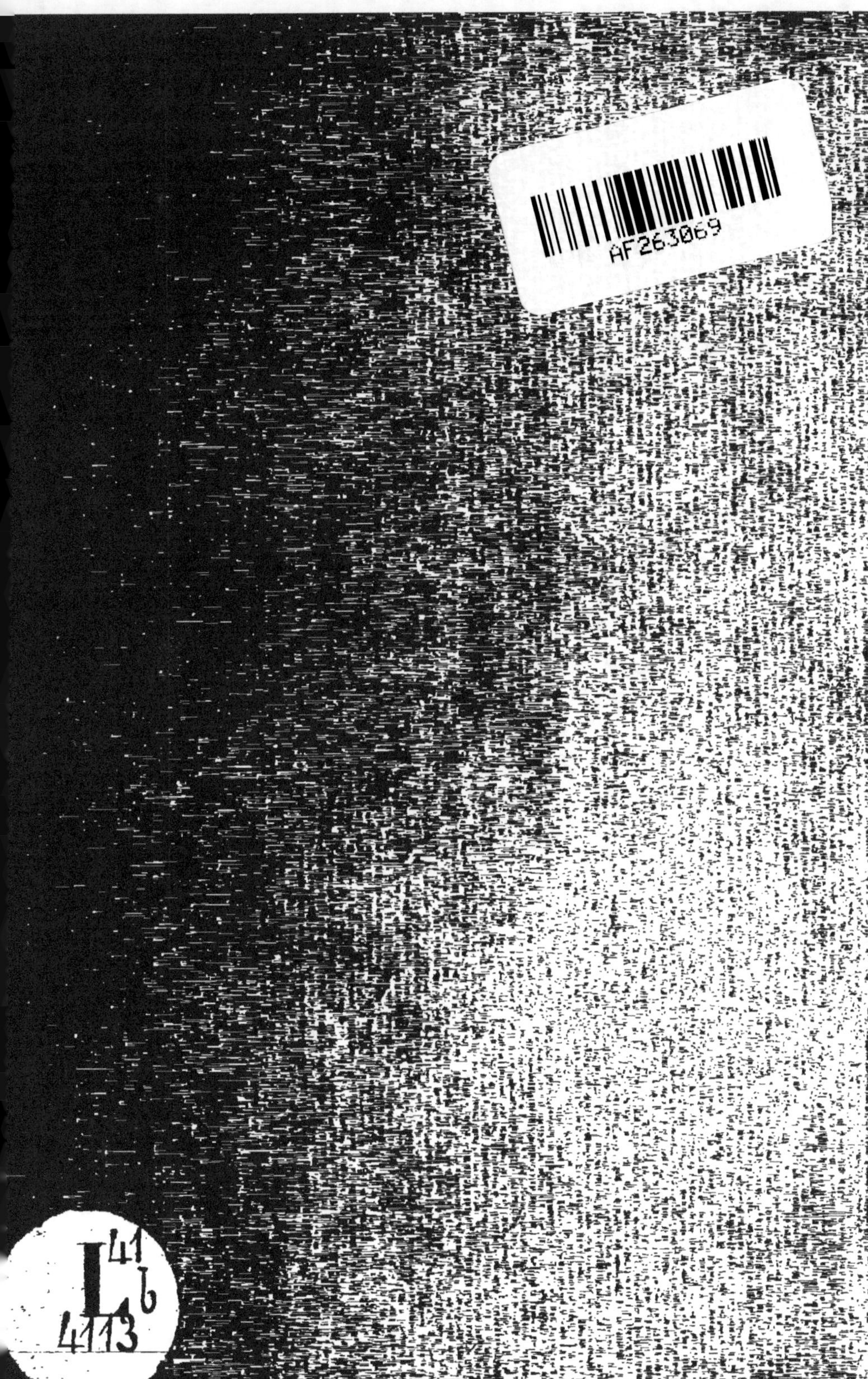
AF263069
AF263069

BAILLOT-MURE

A SES CONCITOYENS.

Citoyens,

Sommes-nous libres, où Robespierre vit-il encore ? Quoi ! toujours le bâillon sur la bouche ; toujours regarder autour de soi si l'on vous écoute ; et n'oser élever la voix, si l'on ne flagorne le tyran ! Non. Plutôt périr que de taire la vérité, quand je la crois utile à mon pays.

Citoyens, voici mon crime.

A mon retour de Paris où j'avois été enthousiasmé de voir la liberté d'opinion, le ralliment aux principes, et le dévouement à la Convention, j'ai osé dire publiquement que Sauvageot, Maire de Dijon, étoit un tyran, un Robespierre ; et qu'à l'aide de quelques-unes de ses créatures, il influençoit la Commune et la Société.

Eh bien ! pour me prouver le contraire, comment m'a-t-on répondu ? Par des coups de poing, auxquels j'ai riposté par le droit d'une juste défense.

J'ai d'abord cru que cette rixe s'étant élevée entre deux particuliers, se termineroit de même; et que personne n'avoit le droit d'en prendre connoissance, que l'offensé : mais je revins de mon erreur en recevant un billet de la Société populaire qui me citoit à son tribunal. Qu'ai-je répondu ? Que, quoique je reconnusse toute l'irrégularité de sa demande, je ne m'y refusois pas; mais qu'une explication verbale pouvant être dénaturée, comme l'avoient peut-être été les faits dans le rapport qu'elle avoit entendu, j'allois les rédiger par écrit, et que je priois la Société d'ajourner, pour les entendre.

Dans tout autre moment j'aurois peut-être obtenu ce que je demandois. Mais Sauvageot et ses partisans, qui savoient que le Représentant du Peuple arrivoit, craignant de le rendre témoin d'une scène dans laquelle ils eussent été démasqués, ont forcé la Société à me juger sans dé-

s'emparer et sans m'entendre : acte qui ,
quand je serois coupable , est le titre qui
m'honore le plus.

Mais , quels motifs ont - ils employés
pour couvrir leur tyrannie ? Ils ont eu
l'impudeur de me faire un crime de ma
déposition au tribunal révolutionnaire ;
comme si j'avois dû , pour être patriote ,
déposer ou étouffer le cri de ma conscience
au gré de leurs caprices. Ils me reprochent
de n'avoir pas signé leur infâme adresse.
Non , je ne l'ai pas signée , parce que je
n'aime pas le sang.

J'ai promis à mes concitoyens de dé-
montrer que Sauvageot a pris dans la
commune un ascendant pernicieux ; qu'il
y agit en despote , en tyran ; qu'il est un
homme immoral ; et qu'il ne mérite , sous
aucun rapport, la confiance qu'il a usur-
pée. Je n'ignore pas les dangers auxquels
cette démarche m'expose; mais je suis las
de la tyrannie , et je veux vivre libre , ou
mourir.

Je ne me servirai point contre Sauvageot

de ses propres armes; et quoique sa ma-xime favorite, celle qu'il a toujours à la bouche, soit, *que contre les aristocrates il ne faut point de preuves matérielles*, je ne lui laisserai rien desirer à cet égard.

Tous les citoyens de Dijon connoissent l'affaire de l'ex-grand-vicaire Bernard Chaussier (connu ci-devant sous le nom de *Marat-Chaussier*, nom qu'il avoit pris par modestie); on sait que B. Chaussier fut dénoncé à la Société populaire sur des faits qui lui furent imputés par plusieurs citoyens. Pendant trois séances de suite il fut entendu contradictoirement avec ses accusateurs. Jamais la Société n'avoit été si nombreuse; jamais les tribunes n'avoient été si remplies; jamais enfin les acclama-tions ne furent si vives, que lorsque Chaussier, qui n'avoit pu se laver des faits qu'on lui imputoit, fut expulsé de la So-ciété.

Mais Sauvageot qui dans ce temps-là étoit à Paris pour la seconde ou troisième fois, revint et changea tout. D'abord, il prétendit que le Conseil avoit eu tort d'accepter la démission que Chaussier avoit donnée de membre du Conseil, et fit rapporter la délibération. Ensuite, lors de l'épuration de la Société populaire, comme ceux qui formoient le noyau (noyau que Sauvageot avoit indiqué au Représentant Bernard) lui étoient dévoués, il n'eut pas de peine à y faire rentrer Chaussier. Il lui convenoit, et il leva tous les obstacles.

Si ce n'est pas-là de la tyrannie, qu'est-ce donc ?

Réponds, Sauvageot ; comment s'est faite l'épuration de la Société populaire ? Par toi. C'est toi qui désignois les victimes ; c'est toi qui, en qualité de président, accordois ou refusois la parole, suivant tes desseins ; c'est toi qui en chassas tous les hommes à talens, tous les hommes à caractère, enfin tous ceux qui ne t'encensoient pas

Récemment encore, n'as-tu pas demandé que tous les membres de la Société fussent tenus de signer l'infâme adresse, sous peine d'être regardés comme suspects s'ils s'y refusoient ?

Si ce n'est pas-là de la tyrannie, qu'est-ce donc ?

N'as-tu pas soutenu les Demorey et Bordet ; le premier, neveu de Bernard Chaussier, reconnu par un jugement du tribunal criminel, voleur de meubles appartenant à la République, et condamné justement ? ne les as-tu pas soutenus, en disant qu'on vouloit écraser en eux le patriotisme ?

Tu te dis patriote, et tu fréquentes des aristocrates que tu soutiens, et auxquels tu as fait conserver des fonctions publiques ; tandis que, lors de l'épuration populaire, tu as réduit à la misère un grand nombre de pères de famille qui n'avoient d'autres défauts que de n'être pas du nombre de tes amis ? N'as-tu pas soutenu l'huissier Bergeret, colporteur de pamphlets contre-révolutionnaires, qui a eu un procès criminel au tribunal de ce District pour les rassemblemens du vieux Couvent, enfin enfermé lors des premières arrestations des aristocrates : eh bien ! ce même homme a été conservé sur le bien que tu as dit de lui, et on t'a reproché en pleine Société d'aller boire avec lui au cabaret.

N'as-tu pas dit dans ta section qu'il ne falloit pas donner de certificat de résidence à un aristocrate ? n'as-tu pas ajouté que la loi du 28 mars 1793 (vieux style) n'étoit faite que pour les aristocrates contre lesquels on n'auroit pas de preuves ? Et c'est ainsi que tu oses calomnier les intentions de nos législateurs ! Comment oses-tu dire que l'on doit se refuser à témoigner pour la vérité, et faire ainsi passer pour émigrés, des hommes que l'on sait n'être pas sortis du territoire de la République ?

Si ce n'est pas de la tyrannie, qu'est-ce donc ?

T'es-tu opposé à ce qu'on ne lût pas à la Société les motifs de suspicion que chaque comité avoit contre plusieurs citoyens ? Fidèle à ton systême tyrannique, ne les assassinois-tu pas, en disant qu'il suffisoit que le comité les eût déclarés suspects, pour qu'ils le fussent? Voilà ce que tu dis, au lieu de t'opposer, comme c'étoit ton devoir, à la lecture d'une liste qui devenoit une liste de proscription, qui ne pouvoit servir qu'à porter une foule de citoyens au désespoir, et renouveller dans le Département de la Côte-d'Or les horreurs de la Vendée?

Tu as souffert, au mépris de la loi, que le comité central continuât ses arrestations, et tu ne veillois pas s'il en tenoit registre. Tu le fis ensuite conserver, et pour ainsi dire légaliser par Bernard.

N'as-tu pas sollicité de Prault, Représentant du Peuple, l'arrêté qui défendoit aux sections de s'occuper d'autres affaires que de celles de certificats de résidence et avis de civisme? celles de Paris n'exprimoient-elles pas leur amour, leur reconnoissance? et nous n'étions pas tyrannisés? Réponds, si tu l'oses.

Comment t'es-tu justifié du reproche

que l'on t'a fait de deux listes de proscription, remises par deux membres du Conseil
soit à Robespierre, soit à Dumas? Quelle
est l'autorité qui a donné une pareille
commission à ces individus? Dans quelle
caisse ont-ils pris les fonds de leur voyage;
et dans un moment où il étoit défendu
à tout fonctionnaire public de quitter son
poste?

La conduite que tu as tenue lors du
départ de la garde nationale dijonnoise
pour le Jura, prouve-t-elle que tu étois
patriote? non : loin d'adoucir les esprits,
tu ne cherchas qu'à les aigrir; tu semas
par-tout le brandon de la guerre civile;
tu hâtas le départ de la force armée; tu
ne voulois même pas qu'elle reposât à
Auxonne : et quand, arrivés à Dole, nous
eûmes le courage d'exposer aux Représentans Bassal et Garnier, qu'ils étoient
trompés; que les intrigans qui les entou-
roient, vouloient nous faire servir à leurs
projets de vengeance, et non au bien de
la révolution; que les administrateurs de

Lons-le-Saulnier étoient coupables, mais que les administrés n'étoient qu'égarés ; que leur cause étoit différente ; et que ce n'étoit pas, en les assassinant, qu'on les rameneroit à leur devoir : les Représentans reconnurent cette vérité ; les citoyens de Dole ouvrirent les yeux ; et l'infâme Dumas (ton ami, et l'ami de Robespierre) fut enfin démasqué. Tu revins de Dole, la rage dans le cœur contre ceux qui avoient osé dire la vérité. Tu as dit même, au café, chez moi, que les motionnaires de Dole s'en souviendroient. Tu as tenu ta parole, car tu nous avois tous proscrits lors de l'épuration, en nous traitant de fédéralistes : et quand je t'en ai demandé les preuves, tu ne sus que te taire, parce que tu n'avois rien à dire.

Tu te dis patriote ; et tu as souffert qu'un de tes freres, attaché au premier bataillon de notre département, et qui avoit fait une partie de la campagne de la Belgique, ne retournât pas à l'armée, tandis que d'autres volontaires encore malades, étoient traînés sans pitié à leurs bataillons. Tu as obtenu pour lui qu'il restât à Dijon, plutôt que d'aller à Lyon (quoiqu'il fût désigné par le sort) y combattre le fédéra-lisme. Tu conviendras cependant qu'étant aguerri, il pouvoit être utile.

Tu cries sans cesse contre le fédéralisme. C'est-là ton grand cheval de bataille ; et tu oublies que, lors de l'assemblée convoquée par le département, tu votas pour que la municipalité y envoyât des commissaires ; que tu fus nommé ; et que, si tu n'y fus pas, tu né le dus qu'au bon sens de Tartelin qui, dans cette occasion, te fit sacrifier l'envie de pérorer. Ceux qui ont empêché le fédéralisme à Dijon, sont Tartelin et Rimbaut. Ce n'est pas toi. Tu vacillas.

As-tu pris une seule fois la parole pour combattre des motions incendiaires ? non. Elles te convenoient. La terreur étoit dans toutes les ames. Qui ne pensoit pas comme

toi, n'étoit qu'un aristocrate, un fédé-
raliste.

N'as-tu pas souffert que la profession
de foi du club de Marseille, proscrite par
la Convention, fut placardée et affichée
dans un lieu public, au café Lavergne?
N'as-tu pas fait décider dans la Société
qu'on liroit au temple de la raison et
dans les sections, les adresses dans le sens
de celle de Dijon? Tu oubliois que les
sections ne pouvoient délibérer.

Ta réputation de domination étoit si
bien fondée, qu'un étranger, un jeune
homme d'Autun, venant de Langres, dont
tous les passe-ports étoient en regle, fut
arrêté et mis en prison pendant trois mois,
pour avoir demandé dans une commune
voisine, comment se portoit Sauvageot,
le petit roi de Dijon.

Pourquoi les campagnes se refusent-elles
à nous apporter le produit de leur travail
et de leurs peines? C'est parce que tu ne
permets pas qu'elles emportent en échange
les choses dont elles ont besoin, et qu'elles

ne peuvent se procurer que dans les villes.

Enfin, tu as inspiré tant d'horreur, que les étrangers se détournent pour ne pas passer à Dijon; et que les citoyens de cette commune n'osent s'en réclamer quand des affaires les appellent dans un autre département. L'influence de ton esprit dominateur est telle, que si on la laissoit faire, Dijon feroit bientôt, au sein de la république, une république à part, et dont les habitans finiroient par mourir de faim, après avoir été un objet d'exécration pour tous leurs voisins.

Dis-moi, Sauvageot, ne savois-tu pas tout ce qui se passoit dans les maisons d'arrêts, les vols qui s'y commettoient, les mauvais traitemens que l'on se permettoit envers les détenus ? Un des concierges dont le luxe insolent scandalisoit les ames honnêtes, a-t-il été recherché après sa démission, lui qui, avant son entrée au château, étoit dans la misere, et qui (à présent que les marchandises

sont hors de prix) a une boutique riche-
ment fournie ? Tu étois le premier magis-
trat de cette ville, et non-seulement tu
as gardé le silence sur de pareils abus;
mais je t'ai moi-même oui prendre sa
défense.

Dis-moi, Sauvageot, qu'avois-tu à repro-
cher à l'accusateur public Millet, homme
d'une conduite intacte , quand tu le
fis destituer ? rien.

Dis-moi , Sauvageot , n'as-tu pas dans
le scrutin épuratoire forcé Bernard à destituer deux juges de paix connus par leurs
principes, hommes vertueux, bons peres
de famille, ayant de leurs enfans aux
frontieres, et dont le crime étoit d'être
sensibles aux malheureux ? Que leur as-
tu reproché ? d'avoir versé des larmes en
prononçant un arrêt de rigueur ! comme
si pour être juge de paix, il falloit être
féroce ! et en vérité, on le croiroit, en
voyant par qui l'un d'eux a été remplacé.

Je ne te parle pas de ta conduite, de
ta vie morale ; mais que penserois-tu d'un

homme marié qui, ayant abusé d'une femme veuve, et l'ayant mise dans le cas de divulguer sa foiblesse, après lui avoir souscrit un billet qui fixoit l'indemnité qu'elle avoit droit de prétendre, la conduit à l'allée de la Retraite, pour lui enlever par ruse ce même billet, sans lui donner l'indemnité promise ? Réfléchis sur un tel procédé.

N'as-tu pas dit sur la place d'armes, au départ de Belot, qu'il importoit fort peu qu'il revînt avec, ou sans certificat; qu'il n'y passeroit pas moins ?

N'as-tu pas refusé un passe-port à un citoyen, en ne motivant ton refus que par ces mots : *toi, ta mine me déplaît; je vois à ta mine que tu es un aristocrate; tu n'auras rien.* Si c'est-là du patriotisme, qu'est-ce donc que la tyrannie ?

Dis-moi, comment excuserois-tu un fonctionnaire public qui souvent viendroit présider un Conseil général, ou une Société, dans un état peu différent de celui où les Lacédémoniens mettoient un

esclave, pour inspirer à leurs enfans l'horreur de l'ivrognerie ?

Citoyens, voilà mes reproches contre
Sauvageot. Ce que je dis ici tout haut,
vous le pensez tout bas ; et votre silence
l'accuse encore, puisqu'il n'est qu'un reste
de la stupeur que sa tyrannie vous a
inspirée. Que me disiez-vous tous, quand
je m'élevai contre lui ? *C'est la vérité*, me
répétiez-vous ; *mais tu la dis trop tôt*. TROP
TÔT ! Robespierre vit donc encore ? TROP
TÔT. Cette objection même est plus forte
contre lui, que toutes mes paroles. Eh
bien ! puisqu'il falloit la dire tôt ou tard,
je l'aurai dite le premier ; j'aurai montré du
doigt à la justice nationale l'oppresseur
de mon pays ; et, quoi qu'il m'arrive,
j'aurai fait mon devoir.

Et ne croyez pas que ce que je dis
ici, soit pour rentrer dans une Société
populaire. Non. J'ai fait vœu, pour être
libre, de ne rentrer dans aucune. Ma
Société désormais est la République une

et

et indivisible, pour laquelle seule je veux vivre et mourir.

Je le répète donc avec plus de courage, comme dégagé de tout intérêt particulier ; Sauvageot est un homme immoral, d'un caractère violent, un despote : son influence sur la Société, sur notre ville, a été funeste : son regne a altéré parmi nous l'esprit de justice et d'humanité, et ce n'est que par la terreur qu'il a forcé une partie de nos citoyens à signer l'adresse infâme qui déshonore notre commune.

Toi qui m'écoutes avec le calme de la loi, toi notre juge, ou plutôt notre libérateur, Représentant du peuple, souviens-toi que si tu t'en retournes sans que l'idole tombe, ta mission est manquée, et tu nous laisses avec la terreur et l'immoralité.

Signé BAILLOT-MURE.

A DIJON, DE L'IMPRIMERIE DE FRANTIN, l'an 3ᵉ.

www.ingramcontent.com/pod-product-compliance
Lightning Source LLC
Chambersburg PA
CBHW061815060726

47597CB00008B/3202